Guia ABC
de los
Everglades

.

Introducción

Los Everglades abarca un territorio tan amplio y variado que su personaje no se puede condensar en un solo libro. Está lleno de actividad. Aves, reptiles, mamíferos, insectos, árboles y flores silvestres todos interactúan en una red de la vida. Para proteger los Everglades, todos debemos ser administradores. El primer paso en la administración es ser consciente de lo que los Everglades tiene para ofrecer. Este libro es una introducción para los niños pequeños para que puedan empezar a ser conscientes de la abundancia de la vida en este "río de hierba".

Aa es para águila **pescadora**

El **águila pescadora** y búhos son las únicas aves rapaces cuya punta externa es reversible, lo que les permite captar a sus presas con dos dedos de frente y dos detrás.

Bb es para **buho de granero**

Buhos de granero están siendo colonizado en el hombre hizo cajas nido para poder desocupar el área de agricola Everglades de las plagas de roedores que dañan los cultivos de caña de azúcar, arroz y vegetales.

Cc es para **Caimán**

Los **caimanes** tienen entre 74 y 80 dientes en su boca a la vez. Como los dientes se desgastan son reemplazados. Un cocodrilo puede ir a través de 2.000 a 3.000 los dientes en la vida.

y **Cocodrilo**

Cocodrilos americanos están bien blindados, con dura, piel escamosa. Ellos son de color gris-verde o verde oliva con largos hocicos delgados, que los distinguen de su primo, el **caimán.** También a diferencia del **cocodrilo**, el cuarto diente en la mandíbula inferior del **caimán** americano es visible cuando la boca está cerrada. Sur de la Florida es el único lugar donde se puede encontrar tanto **cocodrilos y caimanes.**

Dd es para **Douglas**

Libro Marjory Stoneman **Douglas'**, Los Everglades: Río de Hierba, publicado en 1947, el año en el Parque Nacional de los Everglades fue establecido se ha convertido en la descripción definitiva del tesoro natural que ella luchado tan duro para proteger.
Photo credit: Tampa Bay Times

Ee es para **Espátula**

La **espátula** rosada tiene plumaje rosado atractivo que es acentuado con carmín en las alas y la cola. En los Estados Unidos fue casi exterminada por sus finas plumas.

Ff es para **Flamenco**

El **flamenco** se ve a menudo en las orillas del lago de pie sobre una pierna. El **flamenco** está en realidad durmiendo cuando está en una pierna pero lo extraño es que sólo la mitad del flamenco está en realidad en el sueño - el medio que contiene la pierna aún en pie se mantiene activa. El **flamenco** entonces intercambia más de forma que el lado restante puede descansar un poco y el lado que estaba durmiendo se activa de nuevo.

Gg es para **Garceta**   **y Garza**

Una forma de decir la diferencia entre una **garceta y garza** es que **garcetas** tienen patas negras y **garzas** tienen patas amarillas. También, **garcetas** tiemblan las piernas durante el vuelo, mientras **garzas** no sacuden sus extremidades durante el vuelo.

Hh es para **halcón de la noche**

Estos **halcones de la noche** no hacen un nido. Sus jóvenes están tan bien camuflados que rara vez se detectan.

Ii es para **Ibis**

El **Ibis** blanco es y ha sido siempre la más abundante de aves zancuda en los Everglades. Es como un pájaro de la firma que la Universidad de Miami lo adoptó como su mascota.

Jj es para **Jabalí**

Los **jabalíes** se introdujeron a la Florida con los colonos europeos en el siglo 16. Muchas personas consideran que el jabalí como muy peligroso para la fauna nativa de la Florida.

Kk es para el **kite caracol**

El **kite caracol** es un ave de halcón que se alimenta exclusivamente de el caracol manzana de agua dulce. Sólo varios cientos de cometas caracol todavía viven en los Everglades.

Ll es para **Liebre**

La **liebre** comúnmente habita salobres y de agua dulce pantanos, principalmente de totora y ciprés. En el sur de la Florida, que habitualmente ocupan las islas de arena y manglares.

Mm es para **manatí**

Los **manatíes** deambulan por las aguas del sureste de la Florida a partir de abril a octubre -, pero cuando las cosas se ponen un poco de frío, se dirigen a los manantiales de agua dulce, donde las temperaturas se mantienen 70 grados, que es perfecto para lo**s manatíes** que necesitan ese tipo de calor para sobrevivir.

Nn es para **nutria de río**

Las **nutrias** son grandes nadadores, y ellos no son muy exigentes cuando se trata de comida. Para llegar a su comida favorita (cangrejos), la **nutria** se sumerge hasta el fondo de un río, hace una parada de manos, asoma su nariz en las grietas, y se siente alrededor de los rincones con sus bigotes. Cuando los bigotes tocan algo, es hora de la cena.

Oo es para **orquidea fantasma**

La polilla esfinge sigue el olor del **orquídea fantasma** de nuevo a su fuente, donde se utiliza la lengua de 5 pulgadas a beber el néctar fuera de la orquídea fantasma. Esta misma polilla debe entonces encontrar otra **orquídea fantasma** floración para polinizar. Sólo el 10% de **las orquídeas de fantasmas** en la Florida son polinizadas cada año.
Photo Credit: R.J. Wiley   Corkscrew Scamp Sanctuary

Pp es para **pantera**

Las Fuertes patas traseras de las **panteras** les permiten saltar hasta 15 pies verticalmente y 45 pies horizontalmente. Tan pocas **panteras** de Florida mantienen que estos animales son ahora objeto de una protección legal especial como una "especie en peligro de extinción

Qq es para **quietud**

Los ambientes variados en el parque ofrecen un remanso de paz para los más de 350 especies de aves, más de 1.000 especies de plantas, y más de una docena de especies en peligro de extinción.

Rr es la **reina de la mariposa**

Al igual que las de las mariposas monarca, las larvas de **reina de la mariposas** se alimentan de diversas especies de algodoncillo venenosas. Las larvas se acumulan las toxinas de algodoncillo, y como resultado, tanto ellos como las mariposas adultas son muy venenosos. Las aves evitarán éstos naranja venenoso, negro y mariposas blancas.
Crédito de la imagen: Gen Hanson

Ss es para **serpiente**

Esta **serpiente**, el mocasín de agua o boca de algodón come peces, ranas, serpientes, tortugas, caimanes jóvenes, aves (y sus huevos), ratones, ratas, ardillas y conejos.

Tt es par **tortugas mordedora**

La **tortuga mordedora** emplea un señuelo natural único en su técnica de caza. Su lengua se divierte una pieza de color rojo brillante, con forma de gusano de carne que, cuando se muestra por una tortuga inmóvil sobre un fondo del río, dibuja peces o ranas lo suficientemente cerca para ser arrebatado curiosa.

Uu es para **uvas salvajes**

Estas **uvas** zorro del sur **salvaje**s, también más popularmente conocidas como las uvas moscateles, son los progenitores silvestres y naturales de las uvas varietales de importancia comercial y cosechada utilizados para la fabricación de mermeladas y vinos.

Vv es para **venado**

Debido **venados** clave han perdido el miedo a los seres humanos, hay un problema serio con la gente alimentar ilegalmente ellos. Esto hace que los ciervos más vulnerables a los ataques de perros o enredarse en las cercas.

Xx es para eXtinction

A $ 500 de recompensa que se ofrece a la primera persona que es capaz de documentar que el sur de Florida arco iris de la serpiente - un animal que había sido prematuramente declarada extinta - todavía está vivo. El Centro para la Conservación de la serpiente está ofreciendo la recompensa.

Yy es para **Yuca**

Hojas de **yuca** secas y fibras troncales tienen una baja temperatura de ignición, lo que hace la planta conveniente para el uso en el inicio de incendios por medio de la fricción. Esta vegetación reseca es vulnerable a la caída de rayos.

Zz es para **zorro rojo**

Zorros rojos tienen un oído excelente. Se pueden oír sonidos de baja frecuencia y roedores excavación subterránea.

Para Naturaleza Libros adicionales por el Dr. Robinson vaya a:

Naturebooksbygeorge.com

El ABC's de los Arrecifes de Coral